ONE POT PASTA

Alles in einen Topf – und gut!

W0225903

Autorin: Marianne Zunner | Fotos: Wolfgang Schardt

QUALITÄTS G|U GARANTIE

DIE GU-QUALITÄTS-GARANTIE

Wir möchten Ihnen mit den Informationen und Anregungen in diesem Buch das Leben erleichtern und Sie inspirieren, Neues auszuprobieren. Bei jedem unserer Bücher achten wir auf Aktualität und stellen höchste Ansprüche an Inhalt, Optik und Ausstattung. Alle Rezepte und Informationen werden von unseren Autoren gewissenhaft erstellt und von unseren Redakteuren sorgfältig ausgewählt und mehrfach geprüft. Deshalb bieten wir Ihnen eine 100 %ige Qualitätsgarantie.

Darauf können Sie sich verlassen:
Wir legen Wert darauf, dass unsere Kochbücher zuverlässig und inspirierend zugleich sind.
Wir garantieren:

- dreifach getestete Rezepte
- sicheres Gelingen durch Schritt-für-Schritt-Anleitungen und viele nützliche Tipps
- eine authentische Rezept-Fotografie

Wir möchten für Sie immer besser werden:
Sollten wir mit diesem Buch Ihre Erwartungen nicht erfüllen, lassen Sie es uns bitte wissen! Wir tauschen Ihr Buch jederzeit gegen ein gleichwertiges zum gleichen oder ähnlichen Thema um. Nehmen Sie einfach Kontakt zu unserem Leserservice auf. Die Kontaktdaten unseres Leserservice finden Sie am Ende dieses Buches.

GRÄFE UND UNZER VERLAG
Der erste Ratgeberverlag – seit 1722.

INHALT

TIPPS UND EXTRAS

Umschlagklappe vorne:
Gib mir fünf!

4 Alles in einem Topf: Die Basics
6 Grundrezept: Spaghetti mit Tomaten
7 Pasta-Baukasten
64 Frisch aufgemischt

Umschlagklappe hinten:
Knackige Begleiter
»Spaghetti« aus Gemüse

8 PASTA CLASSICS

10 Spaghetti bolognese
12 Sedani alla primavera
13 Linguine alla genovese
14 Pasta alla vesuviana
16 Spaghetti con spinaci e gorgonzola
17 Linguine al salmone
18 Tortiglioni alla puttanesca
20 Penne all'arrabbiata
22 Girandole ai funghi con pancetta

24 PASTA ASIA STYLE

26 Brokkoli-Nudeln mit Schweinefilet
28 Linguine mit Spargel und Garnelen
29 Bavette mit Wok-Gemüse und Huhn
30 Spaghetti mit Zwiebeln und Rindfleisch
32 Curry-Nudeln mit Blumenkohl
34 Kokos-Tomaten-Nudeln mit Spinat
35 Nudeln mit Pak Choi und Shiitake

36 PASTA FREESTYLE

38 Penne mit Aubergine und Thunfisch
40 Rahmkohlrabi-Nudeln mit Krabben
41 Paprika-Pasta mit Feta und Walnüssen
42 Fenchel-Safran-Nudeln mit Huhn
44 Käse-Schinken-Makkaroni mit Lauch
45 Grüne Gemüse-Pasta mit Zitronensauce
46 Artischocken-Pasta mit Chorizo
48 Süße Pflaumen-Nudeln mit Mohn
49 Apfel-Nuss-Penne mit Rosinen

50 PASTA GLUTEN-FREE

52 Texmex-Pasta mit Avocado-Salsa
54 Gemüse-Pilz-Penne mit Rinderfilet
56 Möhren-Salbei-Nudeln mit Ziegenkäse
57 Zucchini-Reisnudeln mit Garnelen
58 Spaghetti mit Erbsen und Minz-Gremolata

60 Register
62 Impressum

Das grüne Blatt bei den Rezepten heißt fleischloser Genuss:
Mit diesem Symbol sind alle vegetarischen Gerichte gekennzeichnet.

ALLES IN EINEM TOPF: DIE BASICS

Pasta kochen nach der One Pot-Methode ähnelt einem Würfelspiel. Die Zutaten sind immer die gleichen, die Kombinationsmöglichkeiten unendlich. Das Ergebnis: immer ein Treffer!

HAUPTSACHE NUDELN!

Erste Wahl sind Hartweizennudeln: Sie garen bissfest, geben etwas Stärke ab und binden so die Sauce schön cremig. Auch Vollkornnudeln oder glutenfreie Nudeln aus Reis (1), Mais (2) oder Buchweizen (3) können Sie verwenden, damit werden die Gerichte sämiger. Weniger geeignet sind Eiernudeln, da sie schnell weich werden, oder asiatische Reis- und Glasnudeln, die sich auflösen können. Auch Instant-Nudeln sind nicht zu empfehlen: Sie garen so schnell, dass die anderen Zutaten kaum mithalten können. Neben der Getreidesorte spielt beim Kochen auch die Form eine Rolle: Flache, glatte Nudeln garen gleichmäßiger und schneller als gerippte oder unregelmäßig geformte. Ideal sind lange, schmale Nudeln wie Linguine (4), Tagliatelle (5) oder Spaghetti und kurze Sorten wie Penne (6), Maccheroncini, Rigatoni (7) oder Hörnchen (8). Die Nudelsorte kann leicht getauscht werden, einfach auf eine ähnliche Kochzeit achten.

DAS A UND O: FLÜSSIGKEIT

Nudeln brauchen Wasser, um gar zu werden. Klar, dass das ganz oder teilweise durch andere Flüssigkeiten wie Brühe, Wein, Sherry oder Milch ersetzt werden kann. Kommt Dickflüssigeres wie Sahne oder Kokosmilch mit ins Spiel, erhöht sich die benötigte Flüssigkeitsmenge und die Saucen werden cremiger. Auch Tomaten – egal ob frisch oder aus der Dose – können einen Teil Wasser oder Brühe ersetzen und sorgen für zusätzliches Aroma.

WÜRZZUTATEN UND KRÄUTER
Salz ist die Basis des Geschmacks. Da die Nudeln einen Teil der Salzmenge absorbieren, darf die Kochflüssigkeit zu Beginn ruhig etwas salziger schmecken. Daneben bringen Zutaten wie Knoblauch, Zwiebeln, Ingwer, Chili oder Würzsaucen und -pasten – von Sojasauce bis Erdnussbutter – Würze ins Gericht. Besonders Kräuter sorgen für viel Aroma: Die Stiele geben beim Mitgaren schon Würze ab, die Blätter werden gehackt und zum Schluss untergemischt.

FETT FÜR MEHR GESCHMACK
Viel davon ist nicht nötig, aber etwas Öl oder Butter rundet den Geschmack ab. Meist kommt das Fett von Beginn an mit in die Pfanne, aber auch ein Schuss Olivenöl am Ende kann für Aroma sorgen. Besteht ein Teil der Flüssigkeit aus Sahne oder Kokosmilch, ist zusätzliches Fett nicht notwendig.

GEMÜSE MACHT DIE PASTA BUNT
Gemüse mit eher kurzer Garzeit wie Zucchini, Pilze oder Paprika können etwas grobstückiger sein. Sorten, die länger garen müssen, schneidet man kleiner. Dosengemüse wie Mais oder Kichererbsen muss nur kurz erhitzt werden und kommt erst gegen Ende der Garzeit mit in die Pasta. Und Blattgemüse wie Babyspinat oder Rucola wird ganz zum Schluss untergehoben. Ideal ist auch TK-Gemüse, das direkt aus der Packung in die Pfanne darf – praktischer geht's nicht!

FLEISCH UND FISCH
Für die One Pot Pasta eignet sich Fleisch zum Kurzbraten am besten, etwa Filet, Minutensteak oder zarte Hähnchenbrust. Man schneidet das Fleisch in kleine Stücke oder feine Streifen und gart es nur kurz, damit es schön zart bleibt. Auch Fisch – etwa in Stücke geschnittener Lachs – gart in Sekundenschnelle. Garnelen dürfen tiefgefroren mit in die Garflüssigkeit, damit sie nicht trocken werden, aber nur für einige Minuten.

GRUNDREZEPT: SPAGHETTI MIT TOMATEN

200 g Kirschtomaten | 1 Zwiebel (ca. 60 g) | 1 Knoblauchzehe | 2 Stiele Basilikum | 200 g Spaghetti (Kochzeit 8 Min.) | 1 TL Salz | 1/4 TL Chiliflocken | 1 EL Olivenöl | Parmesan (nach Belieben)
Für 2 Personen | 20 Min. Zubereitung | Pro Portion ca. 415 kcal, 12 g EW, 7 g F, 75 g KH

1 Tomaten waschen, halbieren. Zwiebel und Knoblauch schälen, in feine Scheiben schneiden. Basilikum waschen, trocken schütteln. Blätter beiseitelegen.

2 Nudeln, Basilikumstiele, Tomaten, Zwiebeln und Knoblauch in eine große Pfanne mit hohem Rand (28 cm ∅) oder einen weiten Topf (mind. 24 cm ∅) geben.

3 550 ml kaltes Wasser, Salz, Chili und Öl zugeben. Zugedeckt bei starker Hitze 10 – 12 Min. kochen. Ab und zu rühren, je mehr Wasser verkocht ist, desto öfter.

4 Die Nudeln probieren. Sind sie noch nicht durch und die Flüssigkeit ist schon stark verkocht, 3 – 5 EL Wasser hinzufügen und kurz weitergaren.

5 Die Basilikumstiele wieder aus den Nudeln entfernen. Die Basilikumblätter fein schneiden, auf die Spaghetti geben und vorsichtig unterheben.

6 Nach Belieben Parmesan fein reiben oder in Späne hobeln. Die Spaghetti mit Tomaten auf Teller verteilen und mit Parmesan bestreuen. Sofort servieren.

PASTA-BAUKASTEN

Lust auf Experimente? Dann basteln Sie sich Ihr Lieblingsrezept einfach selbst! Hier sind die wichtigsten Bausteine dafür – mit Mengenangaben für jeweils 2 Personen.

200 g Nudeln, angegebene / benötigte Kochzeit (durch das Garen in der Sauce ist die Kochzeit der Nudeln länger als in Wasser)

z. B. Girandole, Mini-Hörnchennudeln:	6 Min. / 10 Min.
z. B. Spaghetti, Bavette, kurze Makkaroni:	7 – 9 Min. / 10 – 12 Min.
z. B. Penne, Maccheroncini:	8 – 10 Min. / 12 – 15 Min.

+ 650 – 750 ml Flüssigkeit

ca. 650 ml kaltes Wasser / Brühe (kann teilweise ersetzt werden durch andere wässrige Flüssigkeiten wie Wein, Sojasauce, Fischsauce, Sherry, Milch)

500 – 600 ml kaltes Wasser / Brühe plus 150 – 250 ml Tomaten (frisch bzw. stückige oder passierte Tomaten aus der Dose) = 750 ml Gesamtmenge

550 – 600 ml kaltes Wasser / Brühe plus 100 – 150 ml Sahne / cremige Kokosmilch = 750 ml Gesamtmenge

+ evtl. 1 EL Öl oder Butter als Aromaträger oder zum Anbraten
+ 1 TL Salz (bzw. ½ TL Salz bei der Verwendung von Brühe oder Sojasauce)
+ frische oder getrocknete Kräuter, Knoblauch, Schalotten oder Frühlingszwiebeln

+ Gewürzzutaten je nach Geschmacksrichtung (Asia, Mittelmeer)

Chili, Ingwer, Zitronengras, Würzpasten (z. B. Currypasten, Ajvar)

+ 200 – 400 g Gemüse

frisches Gemüse (z. B. Schalotten, Zwiebel / Frühlingszwiebeln, Möhren, Paprika, Zucchini, Lauch)

TK-Gemüse (unaufgetaut; z. B. Bohnen, Erbsen, Spinat, Wok-Gemüse)

Gemüse aus der Dose (z. B. Mais Kichererbsen, Bohnen)

+ 100 – 200 g Fleisch / Fisch

Filet, Steak, Hackfleisch, Speck, Bratwurst

Fischfilet

TK-Garnelen

*So kann Ihr Gericht aussehen: 200 g Spaghetti, 600 ml Gemüsebrühe, 150 ml Kokosmilch, 1 TL Salz, 1 TL geriebener Ingwer, 3 klein geschnittene Frühlingszwiebeln, 1 gewürfelter Zucchino und 100 g TK-Garnelen in eine Pfanne mit hohem Rand oder einen Topf geben und zugedeckt aufkochen lassen. Den Deckel abnehmen und alles ca. 10 – 12 Min. köcheln lassen.

PASTA CLASSICS

Die italienischen Nudelklassiker sind unerreicht. Klar, denn in den bewährten Rezepten steckt die Erfahrung von Generationen hervorragender Köchinnen und Köche. Wie gut, dass auch viele der Evergreens aus dem kulinarischen Bella Italia – von Spaghetti bolognese bis Penne all'arrabbiata – problemlos nach dem One-Pot-Prinzip funktionieren. Ganz ohne große Vorbereitung, ganz ohne stundenlanges Einköcheln. Da sage ich einfach mal: Buon appetito!

SPAGHETTI BOLOGNESE

Ein Schuss Wein und feine Gemüsestücke machen aus einer gewöhnlichen Hackfleischsauce ein Ragù alla bolognese. Ein Hoch auf Italien!

1 Möhre (ca. 100 g)
1 Stange Staudensellerie (ca. 80 g)
100 g Kirschtomaten
1 Schalotte
1 Knoblauchzehe
1 Zweig Rosmarin
3 Stiele Petersilie
2 EL Olivenöl
250 g Rinderhackfleisch
Salz
200 g Spaghetti (Kochzeit 8 – 10 Min.)
¼ TL Chiliflocken
250 ml passierte Tomaten (Passata)
50 ml Rotwein
Pfeffer
frisch geriebener Pecorino zum Servieren (ersatzweise Parmesan)

Everybody's Darling

Für 2 Personen | 30 Min. Zubereitung
Pro Portion ca. 770 kcal, 41 g EW, 30 g F, 79 g KH

1 Die Möhre schälen, der Länge nach vierteln, anschließend quer in dünne Scheiben schneiden. Den Sellerie putzen, waschen, längs vierteln und quer in ca. 1 cm große Stücke schneiden. Die Tomaten waschen und halbieren. Die Schalotte sowie den Knoblauch schälen und in feine Scheiben schneiden. Den Rosmarin und die Petersilie waschen und trocken schütteln, die Petersilienblätter abzupfen und mit den Stielen beiseitelegen.

2 Das Öl in einer großen Pfanne mit hohem Rand oder einem weiten Topf erhitzen. Das Hackfleisch darin bei starker Hitze ca. 3 Min. unter Wenden braun und krümelig anbraten. Möhre, Sellerie, Tomaten, Schalotte und Knoblauch dazugeben und 1 Min. weiterbraten. Mit 1 TL Salz würzen.

3 Die Pfanne von der Herdplatte nehmen. Die Spaghetti, den Rosmarinzweig, die Petersilienstiele und die Chiliflocken dazugeben. Die passierten Tomaten, den Rotwein und 450 ml kaltes Wasser dazugießen. Die Pfanne wieder auf die Herdplatte stellen und alles zugedeckt bei starker Hitze zum Kochen bringen.

4 Die Nudeln offen bei mittlerer bis starker Hitze 12 – 15 Min. kochen lassen. Dabei ab und zu umrühren, je mehr Flüssigkeit verkocht ist, desto öfter. Die Nudeln probieren. Sind sie nicht durch, bei Bedarf noch 3 – 5 EL Wasser hinzufügen und kurz weiterköcheln lassen.

5 Den Rosmarinzweig und die Petersilienstiele entfernen. Die Petersilienblätter fein schneiden und unter die Nudeln mischen. Die Spaghetti bolognese großzügig mit Pfeffer würzen und sofort servieren. Geriebenen Pecorino dazu reichen.

SEDANI ALLA PRIMAVERA

250 g grüner Spargel | 200 g Kirschtomaten | 2 Stiele Basilikum | 2 EL Olivenöl | 200 g Sedani rigate (Kochzeit 10 Min.) | 100 g TK-Erbsen | Salz | 1 Msp. Chiliflocken | Pfeffer | gehobelter Parmesan zum Servieren

Frisch wie der Frühling

Für 2 Personen | 30 Min. Zubereitung
Pro Portion ca. 520 kcal, 17 g EW, 13 g F, 82 g KH

1 Den Spargel waschen, im unteren Drittel schälen und die Enden abschneiden. Die Stangen in 3–4 cm lange Stücke schneiden, Spitzen beiseitelegen. Die Tomaten waschen und halbieren. Das Basilikum waschen und trocken schütteln, Blätter abzupfen und mit den Stielen beiseitelegen.

2 Das Öl in eine große Pfanne mit hohem Rand oder einen weiten Topf geben. Nudeln, Tomaten, Spargelstücke und gefrorene Erbsen dazugeben. 550 ml kaltes Wasser, 1 TL Salz, Basilikumstiele und die Chiliflocken hinzufügen. Zugedeckt bei starker Hitze zum Kochen bringen.

3 Dann die Nudeln offen bei mittlerer bis starker Hitze 10 Min. kochen lassen. Die Spargelspitzen unterheben und alles in weiteren 5–8 Min. fertig garen. Dabei ab und zu umrühren, je mehr Flüssigkeit verkocht ist, desto öfter. Die Nudeln probieren. Sind sie nicht durch, bei Bedarf noch 3–5 EL Wasser hinzufügen und kurz weiterköcheln lassen.

4 Die Basilikumstiele entfernen. Die Basilikumblätter fein schneiden und unter die Nudeln rühren. Die Nudeln mit Pfeffer würzen und mit gehobeltem Parmesan servieren.

LINGUINE ALLA GENOVESE

1 festkochende Kartoffel (ca. 150 g) | 1 Schalotte | 1 Knoblauchzehe | 3 Stiele Basilikum | 200 g Linguine (Kochzeit 7 – 9 Min.) | 200 g TK-Prinzessbohnen | 1 EL Olivenöl | Salz | 2 – 3 EL Pesto alla genovese (aus dem Glas) | Pfeffer | gehobelter Parmesan zum Servieren

Spezialität aus Ligurien

Für 2 Personen | 25 Min. Zubereitung
Pro Portion ca. 580 kcal, 21 g EW, 14 g F, 93 g KH

1 Die Kartoffel schälen, waschen und 1 – 2 cm groß würfeln. Schalotte sowie Knoblauch schälen und in feine Scheiben schneiden. Das Basilikum waschen und trocken schütteln, die Blätter abzupfen und mit den Stielen beiseitelegen.

2 Die Nudeln in eine große Pfanne mit hohem Rand oder einen weiten Topf geben. Kartoffel, Schalotte, Knoblauch, Basilikumstiele und die gefrorenen Bohnen dazugeben. 600 ml kaltes Wasser, das Öl und 1 TL Salz hinzufügen.

3 Zugedeckt bei starker Hitze zum Kochen bringen. Dann die Nudeln offen bei mittlerer bis starker Hitze 10 – 12 Min. kochen lassen. Dabei immer wieder umrühren, je mehr Flüssigkeit verkocht ist, desto öfter. Die Nudeln probieren. Sind sie nicht durch, bei Bedarf noch 3 – 5 EL Wasser hinzufügen und kurz weiterköcheln lassen.

4 Die Basilikumstiele entfernen. Das Pesto unter die fertigen Nudeln rühren. Die Basilikumblätter fein schneiden und ebenfalls untermischen. Die Linguine alla genovese großzügig mit Pfeffer würzen und mit gehobeltem Parmesan servieren.

PASTA ALLA VESUVIANA

Im Süden Italiens sind aromatische Tomaten und Kräuter die Hauptdarsteller auf dem Pastateller. Etwas Käse dazu und fertig ist ein Festmahl ohne Firlefanz.

1 Schalotte
2 Knoblauchzehen
1 getrocknete Chilischote
3 Stiele Basilikum
1 EL Olivenöl
200 g Mafaldine (Kochzeit 7 – 9 Min.)
300 ml stückige Tomaten (aus der Dose)
Salz
½ TL getrockneter Oregano
125 g Büffelmozzarella (siehe Tipp)
20 g Pecorino (ersatzweise Parmesan)
1 Handvoll Rucola
Pfeffer

Hit für Käse-Fans

Für 2 Personen | 25 Min. Zubereitung
Pro Portion ca. 700 kcal, 30 g EW, 30 g F, 76 g KH

1 Schalotte sowie Knoblauch schälen und in feine Scheiben schneiden. Die Chilischote fein zerbröseln. Das Basilikum waschen und trocken schütteln, Blätter abzupfen und beiseitelegen. Basilikumstiele, Öl, Nudeln, Schalotte, Knoblauch und Chili in eine große Pfanne mit hohem Rand oder einen weiten Topf geben. Die Tomaten und 450 ml kaltes Wasser dazugießen. 1 TL Salz und den Oregano hinzufügen und alles zugedeckt bei starker Hitze zum Kochen bringen.

2 Die Nudeln offen bei mittlerer bis starker Hitze ca. 12 Min. kochen lassen. Dabei ab und zu umrühren, je mehr Flüssigkeit verkocht ist, desto öfter. Die Nudeln probieren. Sind sie nicht durch, bei Bedarf noch 3 – 5 EL Wasser hinzufügen und kurz weiterköcheln lassen.

3 Inzwischen den Mozzarella abtropfen lassen und in kleine Stücke zerteilen, den Pecorino reiben. Den Rucola verlesen, von den harten Stielen befreien, waschen, trocken schütteln und nach Belieben etwas kleiner zupfen.

4 Die Basilikumstiele entfernen. Den Pecorino sowie die Hälfte des Mozzarellas unter die Nudeln heben und schmelzen lassen. Die Basilikumblätter fein schneiden und unterrühren. Mit Pfeffer würzen, restlichen Mozzarella sowie den Rucola darauf verteilen.

TIPP **Büffelmozzarella ist mürber in der Konsistenz und schmeckt intensiver als Mozzarella aus Kuhmilch. Traditionell wird der »Mozzarella di Bufala« in Kampanien, der Region um Neapel, produziert. Er wird »Mozzarella di Bufala Campana« genannt und ist mit dem Herkunftssiegel DOP gekennzeichnet.**

V

SPAGHETTI CON SPINACI E GORGONZOLA

2 EL Pinienkerne | 2 Knoblauchzehen | 2 Frühlingszwiebeln | 3 Stiele Basilikum | 200 g Spaghetti (Kochzeit 7 – 9 Min.) | 250 g TK-Blattspinat | 100 ml Sahne | Salz | 60 g Gorgonzola | Pfeffer

Einfacher geht's nicht

Für 2 Personen | 25 Min. Zubereitung
Pro Portion ca. 690 kcal, 22 g EW, 32 g F, 76 g KH

1 Die Pinienkerne in einer großen Pfanne mit hohem Rand oder einem weiten Topf ohne Fett goldgelb anrösten, herausnehmen und beiseitelegen.

2 Den Knoblauch schälen und etwas andrücken. Die Frühlingszwiebeln putzen, waschen und in dünne Ringe schneiden. Das Basilikum waschen und trocken schütteln, dann die Blätter abzupfen und beiseitelegen.

3 Die Basilikumstiele zusammen mit den Nudeln, dem Knoblauch, den Frühlingszwiebeln und dem gefrorenen Spinat in die Pfanne oder den Topf geben. Die Sahne und 450 ml kaltes Wasser dazugießen. 1 TL Salz hinzufügen und alles zugedeckt bei starker Hitze zum Kochen bringen.

4 Dann die Nudeln offen bei mittlerer bis starker Hitze ca. 12 Min. kochen lassen. Dabei ab und zu umrühren, je mehr Flüssigkeit verkocht ist, desto öfter. Die Nudeln probieren. Sind sie nicht durch, bei Bedarf noch 3 – 5 EL Wasser hinzufügen und kurz weiterköcheln lassen.

5 Die Basilikumstiele entfernen. Den Gorgonzola in kleine Stücke zerteilen, zu den Nudeln geben und darin schmelzen lassen. Die Nudeln mit Pfeffer würzen. Die Basilikumblätter fein schneiden und unterrühren. Mit den Pinienkernen bestreuen.

LINGUINE AL SALMONE

1 Bund Frühlingszwiebeln | 2 Stiele Dill | 2 EL Butter | 200 g Linguine (Kochzeit 7 – 9 Min.) | dünn abgeriebene Schale von 1 Bio-Zitrone | 50 ml Sahne | 2 EL Sherry fino (ersatzweise trockener Wermut) | Salz | 100 g Räucherlachs (in dünnen Scheiben) | Pfeffer

Richtig gästetauglich

Für 2 Personen | 25 Min. Zubereitung
Pro Portion ca. 690 kcal, 58 g EW, 28 g F, 78 g KH

1 Die Frühlingszwiebeln putzen, waschen und in 1 – 2 cm lange Stücke schneiden. Den Dill waschen und trocken schütteln, die Spitzen abzupfen und beiseitelegen. Dillstiele, Butter, Frühlingszwiebeln, Nudeln und die Hälfte der Zitronenschale in eine große Pfanne mit hohem Rand oder einen weiten Topf geben. 500 ml kaltes Wasser, die Sahne, den Sherry und 1 TL Salz hinzufügen. Alles zugedeckt bei starker Hitze zum Kochen bringen.

2 Dann die Nudeln offen bei mittlerer bis starker Hitze 10 – 12 Min. kochen lassen. Dabei ab und zu umrühren, je mehr Flüssigkeit verkocht ist, desto öfter. In der Zwischenzeit den Lachs in feine Streifen schneiden. Die Nudeln probieren. Sind sie nicht durch, bei Bedarf noch 3 – 5 EL Wasser hinzufügen und kurz weiterköcheln lassen.

3 Die Dillstiele entfernen. Die Dillspitzen fein schneiden und mit der restlichen Zitronenschale unter die Nudeln mischen. Die Nudeln auf Teller verteilen und die Lachsstreifen darauf anrichten. Die Linguine al salmone großzügig mit Pfeffer würzen und sofort servieren.

TORTIGLIONI ALLA PUTTANESCA

Die Zutaten für dieses wunderbar würzige Pastagericht habe ich immer im Vorrat. Perfekt, wenn mir mal wieder die Zeit zum Einkaufen fehlt.

2 Schalotten
2 Knoblauchzehen
4 Stiele Petersilie
3 Sardellenfilets (in Öl)
2 EL Olivenöl
1 getrocknete Chilischote
200 g Tortiglioni (Kochzeit 8 Min.)
½ TL getrockneter Oregano
Salz
250 ml stückige Tomaten (aus der Dose)
50 g entsteinte schwarze Oliven
2 EL Kapern (in Lake)
Pfeffer
geriebener Pecorino zum Servieren

Duftet nach Süden

Für 2 Personen | 30 Min. Zubereitung
Pro Portion ca. 535 kcal, 15 g EW, 17 g F, 79 g KH

1 Die Schalotten sowie den Knoblauch schälen und in feine Scheiben schneiden. Die Petersilie waschen und trocken schütteln, die Blätter abzupfen und mit den Stielen beiseitelegen. Die Sardellen abtropfen lassen und grob hacken.

2 Das Öl in einer großen Pfanne mit hohem Rand oder einem weiten Topf erhitzen. Die Sardellen darin bei schwacher Hitze ca. 3 Min. andünsten, bis sie zerfallen. Die Chilischote zerbröseln. Mit den Schalotten und dem Knoblauch zu den Sardellen geben und 1 Min. mit andünsten, bis der Knoblauch leicht gebräunt ist.

3 Die Pfanne von der Herdplatte nehmen. Die Nudeln, die Petersilienstiele, den Oregano und ½ TL Salz in die Pfanne geben. Die Tomaten und 450 ml kaltes Wasser dazugießen. Die Pfanne wieder auf die Herdplatte stellen und alles zugedeckt bei starker Hitze zum Kochen bringen.

4 Die Nudeln offen bei mittlerer bis starker Hitze 12 – 15 Min. kochen lassen. Dabei ab und zu umrühren, je mehr Flüssigkeit verkocht ist, desto öfter. In der Zwischenzeit die Oliven halbieren, und die Kapern abtropfen lassen. Die Nudeln probieren. Sind sie nicht durch, bei Bedarf noch 3 – 5 EL Wasser hinzufügen und kurz weiterköcheln lassen.

5 Die Petersilienstiele entfernen. Die Petersilienblätter fein schneiden und mit den Oliven sowie den Kapern unter die Nudeln mischen. Die Tortiglioni alla puttanesca großzügig mit Pfeffer würzen und mit geriebenem Pecorino servieren.

PENNE ALL'ARRABBIATA

Etwas Schärfe muss bei diesem Klassiker einfach sein! Doch wer einen empfindlichen Gaumen hat, dosiert die Chilischoten am besten erst einmal etwas sparsamer.

1 Schalotte
2 Knoblauchzehen
4 Stiele Petersilie
1–2 getrocknete Chilischoten
1 EL Olivenöl
200 g Penne
(Kochzeit 8–10 Min.)
250 ml stückige Tomaten (aus der Dose)
Salz | Pfeffer
geriebener Pecorino zum Servieren

Manche mögen's scharf

Für 2 Personen | 30 Min. Zubereitung
Pro Portion ca. 420 kcal, 12 g EW, 7 g F, 75 g KH

1 Die Schalotte sowie den Knoblauch schälen und in feine Scheiben schneiden. Die Petersilie waschen und trocken schütteln, die Blätter abzupfen und mit den Stielen beiseitelegen. Die Chilischoten fein zerbröseln. Das Öl in einer großen Pfanne mit hohem Rand oder einem weiten Topf erhitzen. Die Schalotten, den Knoblauch und die Chilischoten darin ca. 1 Min. andünsten, bis die Schalotten glasig sind und der Knoblauch leicht gebräunt ist.

2 Die Pfanne von der Herdplatte nehmen. Nudeln, Petersilienstiele und ½ TL Salz hineingeben. Die Tomaten und 500 ml kaltes Wasser dazugießen. Die Pfanne wieder auf die Herdplatte stellen und alles zugedeckt bei starker Hitze zum Kochen bringen.

3 Dann die Nudeln offen bei mittlerer bis starker Hitze ca. 15 Min. kochen lassen. Dabei ab und zu umrühren, je mehr Flüssigkeit verkocht ist, desto öfter. Die Nudeln probieren. Sind sie nicht durch, bei Bedarf noch 3–5 EL Wasser hinzufügen und kurz weiterköcheln lassen. Die Petersilienstiele entfernen. Die Petersilienblätter fein schneiden und unter die Nudeln rühren. Großzügig mit Pfeffer würzen und mit Pecorino servieren.

VARIANTE

PENNE ALL'AMATRICIANA

1 Schalotte und 2 Knoblauchzehen schälen, in feine Scheiben schneiden. 4 Stiele Petersilie waschen und trocken schütteln, Blätter abzupfen und beiseitestellen. 60 g Pancetta (oder Bacon) in Streifen schneiden und in einer Pfanne mit hohem Rand in 1 EL Olivenöl ca. 3 Min. knusprig braten, herausnehmen. Schalotte, Knoblauch und 1 zerbröselte getrocknete Chilischote im Speckfett 1 Min. andünsten. 200 g Penne, Petersilienstiele, ½ TL Salz, 250 ml stückige Tomaten (aus der Dose) und 500 ml kaltes Wasser dazugeben. Zugedeckt zum Kochen bringen, dann offen bei mittlerer bis starker Hitze ca. 15 Min. kochen lassen. Dabei ab und zu umrühren. Kräuterstiele entfernen. Petersilienblätter fein schneiden und mit Pancetta unter die Nudeln mischen. Pfeffern und mit Pecorino servieren.

GIRANDOLE AI FUNGHI CON PANCETTA

Eine Pasta, wie ich sie mag – mit einem herrlich intensiven Pilzaroma. Im Sommer verwende ich frische Pfifferlinge statt Champignons. Wunderbar!

5 g getrocknete Steinpilze
1 Zweig Rosmarin
250 g Champignons
60 g Pancetta (italienischer luftgetrockneter Schweinebauch, in 2 mm dicken Scheiben; ersatzweise durchwachsener Speck)
1 Schalotte
1 Knoblauchzehe
4 Stiele Petersilie
1 EL Olivenöl
200 g Girandole (Kochzeit 6 Min.)
Salz
200 ml passierte Tomaten (Passata)
Pfeffer
geriebener Parmesan zum Servieren

Unschlagbare Kombi

Für 2 Personen | 35 Min. Zubereitung
Pro Portion ca. 545 kcal, 21 g EW, 17 g F, 76 g KH

1 Die Steinpilze fein hacken und in 400 ml lauwarmem Wasser einweichen. Den Rosmarin waschen und trocken schütteln. Die Champignons putzen und in ca. ½ cm dicke Scheiben schneiden (Bild 1). Den Pancetta in Streifen schneiden. Die Schalotte sowie den Knoblauch schälen und in feine Scheiben schneiden. Die Petersilie waschen und trocken schütteln, die Blätter abzupfen und mit den Stielen beiseitelegen.

2 Das Öl in einer großen Pfanne mit hohem Rand oder einem weiten Topf erhitzen. Den Pancetta darin ca. 3 Min. knusprig braten, dann mit einem Schaumlöffel herausnehmen und beiseitestellen (Bild 2). Die Pfanne von der Herdplatte nehmen. Nudeln, Schalotten, Knoblauch, Champignons, Petersilienstiele, Rosmarinzweig und ½ TL Salz hineingeben. Die Tomaten und die Steinpilze mitsamt dem Einweichwasser dazugeben (Bild 3). Zugedeckt bei starker Hitze zum Kochen bringen.

3 Die Nudeln offen bei mittlerer bis starker Hitze 10 – 12 Min. kochen lassen. Dabei ab und zu umrühren, je mehr Flüssigkeit verkocht ist, desto öfter. Die Nudeln probieren. Sind sie nicht durch, bei Bedarf noch 3 – 5 EL Wasser hinzufügen und kurz weiterköcheln lassen.

4 Rosmarin und Petersilienstiele entfernen. Die Petersilienblätter fein schneiden und mit dem Speck unter die Girandole rühren. Großzügig mit Pfeffer würzen und mit Parmesan servieren.

TIPP **Veggies können den Pancetta einfach weglassen und die Nudeln mit einem Schuss Sahne abrunden. Dafür 50 ml passierte Tomaten durch Sahne ersetzen.**

1

2

3

PASTA ASIA STYLE

In Fernost gibt's nur Reis? Fehlanzeige! In Japan, China, Vietnam oder Thailand kennt man zahllose Nudelgerichte, die herrlich leicht mit vielen Gewürzen und Kräutern daherkommen. Vor allem Bandnudeln stehen hier hoch im Kurs. In diesem Kapitel finden Sie eine kleine aber feine Auswahl asiatisch inspirierter Rezepte, die so schnell fertig sind, dass Ihr Asia-Imbiss um die Ecke garantiert nicht mithalten kann.

BROKKOLI-NUDELN MIT SCHWEINEFILET

Die starken Aromen von Ingwer, Sojasauce und Reiswein machen diesen Nudelmix zum Gaumenfest. Obendrauf gibt's noch eine Prise Extra-Würze.

400 g Brokkoli
4 Frühlingszwiebeln
2 Schalotten
1 Knoblauchzehe
20 g Ingwer
200 g Schweinefilet
1 EL Öl
Salz
200 g Bavette
(Kochzeit 8 Min.)
50 ml Reiswein (Sake; ersatzweise trockener Sherry)
50 ml Sojasauce
1 TL dunkles Sesamöl
1 EL geröstete Sesamsamen

Setzt Maßstäbe

Für 2 Personen | 30 Min. Zubereitung
Pro Portion ca. 660 kcal, 41 g EW, 15 g F, 85 g KH

1 Den Brokkoli putzen, waschen und in Röschen teilen. Die Frühlingszwiebeln putzen, waschen und in feine Ringe schneiden. Die Schalotten sowie den Knoblauch schälen und in dünne Scheiben schneiden. Den Ingwer schälen und sehr fein würfeln. Das Schweinefilet in dünne Scheiben schneiden.

2 Das Öl in einer Pfanne mit hohem Rand oder einem weiten Topf erhitzen. Das Fleisch darin bei starker Hitze von jeder Seite ca. ½ Min. anbraten, leicht salzen und herausnehmen.

3 Die Pfanne von der Herdplatte nehmen. Nudeln, Brokkoli, Frühlingszwiebeln, Knoblauch, Schalotten und den Ingwer hineingeben. Den Reiswein, die Sojasauce, das Sesamöl, 550 ml kaltes Wasser und ½ TL Salz hinzufügen. Alles zugedeckt bei starker Hitze zum Kochen bringen.

4 Die Nudeln offen bei mittlerer bis starker Hitze ca. 12 Min. kochen lassen. Dabei immer wieder umrühren, je mehr Flüssigkeit verkocht ist, desto öfter. Die Nudeln probieren. Sind sie nicht durch, bei Bedarf noch 3–5 EL Wasser hinzufügen und kurz weiterköcheln lassen. Das Schweinefilet unterheben und nochmals kurz erhitzen. Zum Schluss die Nudeln mit den gerösteten Sesamsamen bestreuen und servieren.

TIPP Ein nussiges Topping sorgt für Extra-Biss. Zu asiatischen Gerichten passen neben Sesamsamen auch Erdnüsse und Cashewnüsse besonders gut. Wer Zeit hat, sollte sie leicht anrösten, dann schmecken sie noch intensiver. Ich verwende auch gerne Wasabi-Erdnüsse aus dem Snack-Regal. Aber Vorsicht, die sind ziemlich scharf!

LINGUINE MIT SPARGEL UND GARNELEN

1 Bund Frühlingszwiebeln | 300 g grüner Spargel | 1 Stängel Zitronengras | 200 g Linguine (Kochzeit 7 – 9 Min.) | 200 ml cremige Kokosmilch | 2 TL grüne Thai-Currypaste | Salz | 200 g TK-Garnelen (roh, bis auf den Schwanzfächer geschält, ohne Darm) | 1 Handvoll Thai-Basilikumblätter | 2 – 3 EL Limettensaft

Echtes Thai-Light

Für 2 Personen | 25 Min. Zubereitung
Pro Portion ca. 645 kcal, 30 g EW, 21 g F, 82 g KH

1 Die Frühlingszwiebeln putzen, waschen und schräg in ca. 2 cm lange Stücke schneiden. Den Spargel waschen, im unteren Drittel schälen und die Enden abschneiden. Die Spagelstangen in 4 – 5 cm lange Stücke schneiden. Das Zitronengras waschen und längs halbieren. Die Stängelhälften etwas anquetschen.

2 Die Nudeln in eine Pfanne mit hohem Rand oder einen weiten Topf geben. Frühlingszwiebeln, Spargel und Zitronengras hinzufügen. Die Kokosmilch mit der Currypaste verrühren und dazugießen. 450 ml kaltes Wasser und 1 TL Salz hinzufügen. Zugedeckt bei starker Hitze zum Kochen bringen.

3 Dann die Nudeln offen bei mittlerer bis starker Hitze 5 Min. kochen lassen. Die gefrorenen Garnelen untermischen und alles 5 – 7 Minuten weitergaren. Dabei ab und zu umrühren, je mehr Flüssigkeit verkocht ist, desto öfter. Die Nudeln probieren. Sind sie nicht durch, bei Bedarf noch 3 – 5 EL Wasser hinzufügen und kurz weiterköcheln lassen.

4 Das Zitronengras entfernen. Das Thai-Basilikum waschen, trocken schütteln und grob hacken. Die Nudeln mit Limettensaft abschmecken, mit Thai-Basilikum bestreuen und sofort servieren.

BAVETTE MIT WOK-GEMÜSE UND HUHN

1 Stängel Zitronengras | 1 Knoblauchzehe | 1 lange grüne Chilischote | 1 Hähnchenbrustfilet (ca. 180 g) | 200 g Bavette (Kochzeit 8 Min.) | 300 g TK-Asia-Wok-Gemüse | 450 ml Hühnerbrühe | 150 ml Kokosmilch | Salz | 2 EL Thai-Fischsauce | 1 Handvoll Thai-Basilikumblätter (nach Belieben) | Saft von ½ Limette

Bequemer geht's nicht

Für 2 Personen | 25 Min. Zubereitung
Pro Portion ca. 645 kcal, 36 g EW, 17 g F, 84 g KH

1 Das Zitronengras waschen und längs halbieren. Die Stängelhälften etwas anquetschen. Den Knoblauch schälen und fein würfeln. Die Chilischote längs halbieren, entkernen, waschen und in feine Streifen schneiden. Das Hähnchenbrustfilet waschen, mit Küchenpapier trocken tupfen und in mundgerechte Würfel schneiden.

2 Die Nudeln in eine Pfanne mit hohem Rand oder einen weiten Topf geben. Zitronengras, Knoblauch, Chilischote, Hähnchen und das gefrorene Gemüse hinzufügen. Die Brühe, die Kokosmilch, ¼ TL Salz und die Fischsauce dazugeben. Zugedeckt bei starker Hitze zum Kochen bringen.

3 Dann die Nudeln offen bei mittlerer bis starker Hitze 10 – 12 Min. kochen lassen. Dabei ab und zu umrühren, je mehr Flüssigkeit verkocht ist, desto öfter. Die Nudeln probieren. Sind sie nicht durch, bei Bedarf noch 3 – 5 EL Wasser hinzufügen und kurz weiterköcheln lassen.

4 Das Zitronengras aus den Nudeln entfernen. Nach Belieben das Thai-Basilikum waschen, trocken schütteln und grob hacken. Die Nudeln mit Limettensaft abschmecken, mit Thai-Basilikum bestreuen und sofort servieren.

SPAGHETTI MIT ZWIEBELN UND RINDFLEISCH

Zwiebeln spielen die Hauptrolle in diesem Pastagericht – zwei Sorten werden gleich mitgegart, knusprige Röstzwiebeln bilden den krönenden Abschluss.

200 g Rinder-Minutensteak
5 EL Teriyakisauce
200 g rote Zwiebeln
4 Frühlingszwiebeln
10 g Ingwer
1 Knoblauchzehe
200 g Spaghetti (Kochzeit 9 Min.)
½ TL Chiliflocken
1 gehäufter EL Erdnussbutter (crunchy; ca. 40 g)
3 EL Limettensaft
700 ml Fleischbrühe (ersatzweise Gemüsebrühe)
1 Handvoll Koriandergrün
Salz
2 EL Röstzwiebeln

Zwiebel-Dreierlei

Für 2 Personen | 35 Min. Zubereitung
Pro Portion ca. 765 kcal, 42 g EW, 23 g F, 93 g KH

1 Das Rindfleisch in dünne Streifen schneiden, in einer Schüssel mit 2 EL Teriyakisauce mischen und beiseitestellen. Die roten Zwiebeln schälen, halbieren und in dünne Spalten schneiden. Die Frühlingszwiebeln putzen, waschen und in ca. 2 cm lange Stücke schneiden. Ingwer und Knoblauch schälen und fein würfeln.

2 Die Spaghetti in eine Pfanne mit hohem Rand oder einen weiten Topf geben. Ingwer, Knoblauch, Chiliflocken, rote Zwiebeln, Frühlingszwiebeln und Erdnussbutter hinzufügen. Den Limettensaft, die Brühe und die restliche Teriyakisauce dazugeben. Zugedeckt bei starker Hitze zum Kochen bringen.

3 Die Nudeln offen bei mittlerer bis starker Hitze 10 Min. kochen lassen. Dabei ab und zu umrühren, je mehr Flüssigkeit verkocht ist, desto öfter. Das marinierte Rindfleisch nach und nach untermischen und alles ca. 2 Min. weiterkochen lassen.

4 Inzwischen das Koriandergrün waschen, trocken schütteln und grob hacken. Die Nudeln probieren. Sind sie nicht durch, bei Bedarf noch 3–5 EL Wasser hinzufügen und kurz weiterköcheln lassen. Den gehackten Koriander unter die fertigen Nudeln mischen. Die Nudeln mit Salz abschmecken, mit den Röstzwiebeln bestreuen und sofort servieren.

TIPP Ich bereite diese Nudelvariante auch manchmal mit 1 Hähnchenbrustfilet oder ca. 150 g rohen, geschälten Garnelen statt mit Rindfleisch zu. Das Hähnchenfleisch schneide ich in mundgerechte Würfel, mariniere es 10 Min. in der Teriyakisauce und gebe es dann von Anfang an mit in die Pfanne. Die Garnelen werden ebenfalls mariniert, aber erst in den letzten 3 Min. mitgekocht.

CURRY-NUDELN MIT BLUMENKOHL

Fans der indischen Küche können diesmal den Reis im Schrank lassen. Die typischen Würzzutaten von Curry bis Minze sind nämlich auch mit Nudeln ein Erlebnis.

1 Bund Frühlingszwiebeln
10 g Ingwer
1 Knoblauchzehe
½ kleiner Blumenkohl (ca. 250 g)
200 g Maccheroncini (Kochzeit 8 – 10 Min.)
70 g rote Linsen
200 ml cremige Kokosmilch
Salz
1 TL Currypulver
¼ TL Chiliflocken
½ Salatgurke
6 – 8 Minzeblätter
2 EL Erdnusskerne (geröstet und gesalzen)

Herrlich exotisch

Für 2 Personen | 30 Min. Zubereitung
Pro Portion ca. 735 kcal, 28 g EW, 23 g F, 102 g KH

1 Die Frühlingszwiebeln putzen und waschen. 1 Frühlingszwiebel beiseitelegen, die restlichen in Ringe schneiden. Den Ingwer sowie den Knoblauch schälen und fein würfeln. Den Blumenkohl putzen, waschen und in große Röschen teilen. Die Röschen längs in dünne Scheiben schneiden.

2 Die Nudeln in eine Pfanne mit hohem Rand oder einen weiten Topf geben. Ingwer, Knoblauch, Linsen und Frühlingszwiebelringe hinzufügen. Die Kokosmilch, 600 ml Wasser, 1 TL Salz, das Currypulver und die Chiliflocken dazugeben. Zugedeckt bei starker Hitze zum Kochen bringen.

3 Die Nudeln offen bei mittlerer bis starker Hitze 6 – 8 Min. kochen lassen. Blumenkohl dazugeben und in 6 – 7 Min. fertig garen. Dabei ab und zu umrühren, je mehr Flüssigkeit verkocht ist, desto öfter. Die Nudeln probieren. Sind sie nicht durch, bei Bedarf noch 3 – 5 EL Wasser hinzufügen und kurz weiterköcheln lassen.

4 Die Gurke waschen, längs halbieren, entkernen und fein würfeln. Die Minze waschen, trocken tupfen und fein schneiden. Die beiseitegelegte Frühlingszwiebel fein hacken, die Erdnüsse grob. Gurke, Minze, Frühlingszwiebel und Erdnüsse mischen. Die Curry-Nudeln mit der Gurkenmischung anrichten.

TIPP Currypulver ist eine Mischung vieler Einzelgewürze wie Kurkuma, Chili, Zimt, Kreuzkümmel, Gewürznelke und Koriander. Das Geschmacksspektrum reicht von mild und zimtig-süß bis würzig und feurig-scharf, die Farbpalette von goldgelb bis dunkelrot. Wer gerne indisch kocht, sollte mehrere Sorten probieren, um seinen Favoriten zu entdecken.

KOKOS-TOMATEN-NUDELN MIT SPINAT

30 g ungeröstete Kokoschips | 1 rote Paprikaschote (ca. 220 g) | 2 Schalotten | 2 Knoblauchzehen | 20 g Ingwer | 200 g Bavette (Kochzeit 8 Min.) | 100 g TK-Erbsen | 200 ml cremige Kokosmilch | 200 ml stückige Tomaten (aus der Dose) | Salz | 150 g Babyspinat | 2 – 3 EL Limettensaft

Schmeckt auch Kindern

Für 2 Personen | 25 Min. Zubereitung
Pro Portion ca. 740 kcal, 22 g EW, 30 g F, 93 g KH

1 Die Kokoschips in einer großen Pfanne mit hohem Rand oder einem weiten Topf ohne Fett hellbraun rösten, herausnehmen und beiseitestellen.

2 Die Paprikaschote längs halbieren, entkernen, waschen und in schmale Streifen schneiden. Die Schalotten sowie den Knoblauch schälen und in dünne Scheiben schneiden. Den Ingwer schälen und sehr fein würfeln.

3 Die Nudeln mit Paprika, Schalotten, Knoblauch, Ingwer und den gefrorenen Erbsen in die Pfanne geben. Die Kokosmilch, die Tomaten, 300 ml kaltes Wasser sowie 1 TL Salz hinzufügen. Zugedeckt bei starker Hitze zum Kochen bringen.

4 Dann die Nudeln offen bei mittlerer bis starker Hitze ca. 12 Min. kochen lassen. Dabei ab und zu umrühren, je mehr Flüssigkeit verkocht ist, desto öfter. Die Nudeln probieren. Sind sie nicht durch, bei Bedarf noch 3 – 5 EL Wasser hinzufügen und kurz weiterköcheln lassen.

5 Den Spinat waschen, trocken schütteln und unter die fertigen Nudeln heben. Mit Limettensaft abschmecken und mit Kokoschips bestreuen.

NUDELN MIT PAK CHOI UND SHIITAKE

4–6 Mini-Pak-Choi (ca. 300 g) | 120 g Shiitake-Pilze | 4 Frühlingszwiebeln | 20 g Ingwer | 1 Knoblauchzehe | 200 g Linguine (Kochzeit 7–9 Min.) | 4–5 EL Sojasauce | 3 EL Reiswein (Sake; ersatzweise trockener Sherry) | 1 EL Reisessig | 1 TL dunkles Sesamöl | Salz | Pfeffer | 20 g Cashewnusskerne (geröstet und gesalzen)

Mit kernigem Topping

Für 2 Personen | 30 Min. Zubereitung
Pro Portion ca. 550 kcal, 20 g EW, 7 g F, 90 g KH

1 Den Pak Choi putzen, waschen und längs vierteln. Die Pilze putzen, mit einem Tuch abreiben und je nach Größe halbieren oder in ca. 1 cm dicke Scheiben schneiden. Die Frühlingszwiebeln putzen, waschen und in feine Ringe schneiden. Ingwer sowie Knoblauch schälen und fein würfeln.

2 Die Nudeln mit den vorbereiteten Zutaten in eine große Pfanne mit hohem Rand oder einen weiten Topf geben. 4 EL Sojasauce mit dem Reiswein, dem Reisessig, 550 ml kaltem Wasser und dem Sesamöl verrühren. Die Mischung sowie ½ TL Salz zu den Nudeln geben. Alles zugedeckt bei starker Hitze zum Kochen bringen.

3 Dann die Nudeln offen bei mittlerer bis starker Hitze 10–12 Min. kochen lassen. Dabei ab und zu umrühren, je mehr Flüssigkeit verkocht ist, desto öfter. Die Nudeln probieren. Sind sie nicht durch, bei Bedarf noch 3–5 EL Wasser hinzufügen und kurz weiterköcheln lassen.

4 Die fertigen Nudeln mit Sojasauce und Pfeffer abschmecken. Die Cashewnüsse grob zerdrücken und daraufstreuen.

P

PASTA FREESTYLE

Nudeln sind in der ganzen Welt zu Hause. Und lassen sich deshalb auch mit Zutaten aus aller Herren Länder kombinieren. Sie flirten mit Krabben und Kohlrabi, harmonieren mit Bohnen und Avocado und vertragen sich bestens mit Fenchel und Safran – die Möglichkeiten sind unbegrenzt. Experimentieren Sie ruhig ein wenig mit verschiedenen Zutaten, Sie werden schnell merken: Das macht richtig Spaß!

PENNE MIT AUBERGINE UND THUNFISCH

Thunfisch ist perfekt für schnelle Pastagerichte. Und mit starken Partnern wie Kapern, Oregano und Chilischote auch kulinarisch ein Volltreffer.

1 Aubergine (ca. 300 g)
1 Schalotte
1 Knoblauchzehe
4 Stiele Petersilie
3 EL Olivenöl
Salz
½ TL getrockneter Oregano
1 getrocknete Chilischote
200 g Penne
(Kochzeit 8 – 10 Min.)
200 ml passierte Tomaten
(Passata)
1 Dose Thunfischfilets
(in Olivenöl, 185 g)
1 EL Kapern (in Lake)
Pfeffer

Ein guter Fang

Für 2 Personen |
35 Min. Zubereitung
Pro Portion ca. 795 kcal,
36 g EW, 37 g F, 79 g KH

1 Die Aubergine waschen, putzen und in 1 – 2 cm große Würfel schneiden. Die Schalotte sowie den Knoblauch schälen und in feine Scheiben schneiden. Die Petersilie waschen und trocken schütteln, die Blätter abzupfen und mit den Stielen beiseitelegen.

2 Das Öl in einer großen Pfanne mit hohem Rand oder einem weiten Topf erhitzen. Die Aubergine darin bei starker Hitze ca. 4 Min. anbraten. Schalotte sowie Knoblauch hinzufügen und 1 Min. mitbraten. Mit 1 TL Salz und dem Oregano würzen.

3 Die Pfanne von der Herdplatte nehmen. Die Chilischote zerbröseln und mit den Nudeln sowie den Petersilienstielen in die Pfanne geben. Die passierten Tomaten und 550 ml kaltes Wasser dazugießen. Die Pfanne wieder auf die Herdplatte stellen und alles zugedeckt bei starker Hitze zum Kochen bringen.

4 Die Nudeln offen bei mittlerer bis starker Hitze ca. 15 Min. kochen lassen. Dabei ab und zu umrühren, je mehr Flüssigkeit verkocht ist, desto öfter. Inzwischen die Thunfischfilets abtropfen lassen und mit zwei Gabeln in kleinere Stücke zerpflücken. Die Kapern abtropfen lassen.

5 Die Nudeln probieren. Sind sie nicht durch, bei Bedarf noch 3 – 5 EL Wasser hinzufügen und kurz weiterköcheln lassen. Die Petersilienstiele entfernen. Die Petersilienblätter fein schneiden und mit Kapern und Thunfisch unter die Nudeln mischen. Großzügig mit Pfeffer würzen und sofort servieren.

TIPP **Veggies lassen den Thunfisch weg und bestreuen die Pasta zum Schluss mit 80 g zerbröckeltem Feta.**

RAHMKOHLRABI-NUDELN MIT KRABBEN

1 Kohlrabi (ca. 250 g) | 200 g Bandnudeln (Kochzeit 7 – 9 Min.) | 1 Pck. TK-Suppengrün (70 g) | 100 ml Sahne | 1 TL Salz | ½ TL dünn abgeriebene Bio-Zitronenschale | 2 Stiele Dill (ersatzweise 1 Handvoll Kerbel) | Pfeffer | 100 g Nordseekrabbenfleisch

Schmeckt nach Heimat

Für 2 Personen | 20 Min. Zubereitung
Pro Portion ca. 575 kcal, 24 g EW, 18 g F, 78 g KH

1 Den Kohlrabi schälen und zunächst in 1 cm dicke Scheiben, dann die Scheiben in 1 cm große Würfel schneiden.

2 Die Nudeln mit den Kohlrabi und dem Suppengrün in eine große Pfanne mit hohem Rand oder einen weiten Topf geben. Sahne, 550 ml kaltes Wasser, 1 TL Salz und Zitronenschale hinzufügen.

3 Zugedeckt bei starker Hitze zum Kochen bringen. Dann die Nudeln offen bei mittlerer bis starker Hitze ca. 12 Min. kochen lassen. Dabei immer wieder umrühren, je mehr Flüssigkeit verkocht ist, desto öfter. Die Nudeln probieren. Sind sie nicht durch, bei Bedarf noch 3 – 5 EL Wasser hinzufügen und kurz weiterköcheln lassen.

4 Den Dill waschen und trocken schütteln, die Spitzen abzupfen und hacken. Die Nudeln mit Salz und Pfeffer abschmecken, das Krabbenfleisch darauf verteilen und mit Dill bestreuen.

TIPP

Anstelle der Krabben können Sie auch sehr gut 100 g Lachsfilet (ohne Haut) verwenden, das Sie in schmale Streifen schneiden. Die Lachsstreifen kurz vor Ende der Garzeit unter die Nudeln heben und darin gar ziehen lassen.

PAPRIKA-PASTA MIT FETA UND WALNÜSSEN

1 rote Paprikaschote (ca. 200 g) | 50 g getrocknete Tomaten (in Öl) | 200 g Kirschtomaten | 1 rote Zwiebel | 1 Knoblauchzehe | 2 Stiele Basilikum | 2 EL Olivenöl | 200 g Maccheroncini (Kochzeit 8 – 10 Min.) | Salz | 2 EL Ajvar (Paprikapaste; aus dem Glas) | 30 g Walnusskerne | 100 g Feta (Schafskäse) | Pfeffer

Grüße vom Balkan

Für 2 Personen | 25 Min. Zubereitung
Pro Portion ca. 770 kcal, 27 g EW, 33 g F, 87 g KH

1 Paprikaschote längs halbieren, entkernen, waschen und in Streifen schneiden. Getrocknete Tomaten abtropfen lassen und klein würfeln. Kirschtomaten halbieren. Zwiebel sowie Knoblauch schälen und in feine Scheiben schneiden. Basilikum waschen und trocken schütteln, Blätter abzupfen und beiseitelegen.

2 Basilikumstiele, Öl, Nudeln, Paprikastreifen, getrocknete und frische Tomaten, Zwiebeln und den Knoblauch in eine großen Pfanne mit hohem Rand oder einen weiten Topf geben. 500 ml kaltes Wasser, 1 TL Salz und das Ajvar hinzufügen. Zugedeckt bei starker Hitze zum Kochen bringen.

3 Dann die Nudeln offen bei mittlerer bis starker Hitze 15 Min. kochen lassen. Dabei ab und zu umrühren, je mehr Flüssigkeit verkocht ist, desto öfter. Die Nudeln probieren. Sind sie nicht durch, bei Bedarf noch 3 – 5 EL Wasser hinzufügen und kurz weiterköcheln lassen.

4 Die Walnüsse grob hacken und den Feta zerbröckeln. Die Basilikumstiele aus den Nudeln entfernen. Die Basilikumblätter fein schneiden und unter die Nudeln rühren. Die Paprika-Pasta mit Pfeffer würzen, mit Feta und Walnüssen bestreuen.

FENCHEL-SAFRAN-NUDELN MIT HUHN

Safran kann wahre Wunder bewirken: Schon ein Hauch des exquisiten Gewürzes macht dieses Nudelgericht zu einer echten, goldgelben Delikatesse!

1 Prise Safranfäden
(1/3 Döschen à 0,1 g)
1 Fenchelknolle (ca. 250 g)
1 große rote Zwiebel
1 Knoblauchzehe
1 rote Chilischote
2–3 Stiele Petersilie
1 Hähnchenbrustfilet
(ca. 180 g)
2 EL Olivenöl
1 TL Fenchelsamen
(grob zerdrückt)
Salz | Pfeffer
200 g Bavette
(Kochzeit 8 Min.)
125 ml Weißwein

Leicht und raffiniert

Für 2 Personen |
50 Min. Zubereitung
Pro Portion ca. 615 kcal,
34 g EW, 14 g F, 79 g KH

1 Den Safran in 1 EL heißem Wasser einweichen und beiseitestellen. Den Fenchel waschen, putzen und das Grün beiseitelegen, die Knolle längs halbieren und den Strunk keilförmig herausschneiden. Dann die Knolle in kleine Würfel schneiden. Die Zwiebel schälen, halbieren und in dünne Scheiben schneiden. Den Knoblauch schälen und in dünne Scheiben schneiden. Die Chilischote längs halbieren, entkernen, waschen und ebenfalls in kleine Würfel schneiden. Die Petersilie waschen und trocken schütteln, die Blätter abzupfen und mit den Stielen beiseitelegen.

2 Das Hähnchenfleisch waschen, trocken tupfen und in mundgerechte Würfel schneiden. 1 EL Öl in einer Pfanne mit hohem Rand oder einem weiten Topf erhitzen. Das Fleisch darin unter Wenden ca. 5 Min. anbraten, gegen Ende der Garzeit die Hälfte der Fenchelsamen hinzufügen. Anschließend das Fleisch mit Salz und Pfeffer würzen, herausnehmen und beiseitestellen.

3 Die Pfanne von der Herdplatte nehmen. Die Nudeln mit dem restlichen Öl, den Fenchelwürfeln, der Zwiebel, dem Knoblauch, den Petersilienstielen und der Chilischote hineingeben. Den Wein, das Safranwasser und 550 ml kaltes Wasser dazugießen. 1 TL Salz und die restlichen Fenchelsamen hinzufügen. Alles zugedeckt bei starker Hitze zum Kochen bringen.

4 Die Nudeln offen bei mittlerer bis starker Hitze ca. 12 Min. kochen lassen. Dabei ab und zu umrühren, je mehr Flüssigkeit verkocht ist, desto öfter. Die Nudeln probieren. Sind sie nicht durch, bei Bedarf noch 3 – 5 EL Wasser hinzufügen und kurz weiterköcheln lassen.

5 Die Petersilienblätter und das beiseitegelegte Fenchelgrün hacken. Das Fleisch unter die fertigen Nudeln heben und nochmals kurz erhitzen. Die Petersilienstiele aus den Nudeln nehmen. Die Fenchel-Safran-Nudeln mit Pfeffer würzen und mit Petersilie sowie dem Fenchelgrün bestreuen.

KÄSE-SCHINKEN-MAKKARONI MIT LAUCH

2 Stangen Lauch (ca. 400 g) | 200 g kurze Makkaroni (Kochzeit 7 – 9 Min.) | 100 ml Sahne | 50 ml Weißwein | Salz | 1 Lorbeerblatt | ½ Bund Schnittlauch | 100 g gekochter Schinken (in etwas dickeren Scheiben) | 80 g Bergkäse (ersatzweise mittelalter Gouda) | Pfeffer | frisch geriebene Muskatnuss

Für Wärme von innen

Für 2 Personen | 25 Min. Zubereitung
Pro Portion ca. 765 kcal, 37 g EW, 32 g F, 77 g KH

1 Den Lauch putzen, längs halbieren und gründlich waschen, die Stangen quer in 1 cm dicke Scheiben schneiden. Die Nudeln und den Lauch in eine große Pfanne mit hohem Rand oder einen weiten Topf geben. Die Sahne, den Wein und 550 ml kaltes Wasser dazugießen. 1 TL Salz und das Lorbeerblatt hinzufügen.

2 Zugedeckt bei starker Hitze zum Kochen bringen. Dann die Nudeln offen bei mittlerer bis starker Hitze 12 – 15 Min. kochen lassen. Dabei immer wieder umrühren, je mehr von der Flüssigkeit verkocht ist, desto öfter.

3 Inzwischen den Schnittlauch waschen, trocken schütteln und in feine Röllchen schneiden. Den gekochten Schinken in kleine Würfel schneiden und den Bergkäse grob reiben.

4 Die Nudeln probieren. Sind sie nicht durch, bei Bedarf noch 3 – 5 EL Wasser hinzufügen und kurz weiterköcheln lassen. Den geriebenen Käse unter die fertigen Nudeln rühren und die Schinkenwürfel unterheben. Die Nudeln mit Pfeffer sowie Muskat abschmecken und mit Schnittlauch bestreuen.

GRÜNE GEMÜSE-PASTA MIT ZITRONENSAUCE

80 g Zuckerschoten | 150 g grüner Spargel | 1 Bund Frühlingszwiebeln | 2 Stiele Petersilie | 200 g grüne Tagliatelle (Kochzeit 6 Min.) | 100 ml Sahne | Salz | abgeriebene Schale von 1 Bio-Zitrone | Pfeffer | etwas Zitronensaft | 1 Handvoll Kerbel (ersatzweise Petersilie) | geriebener Parmesan (nach Belieben)

Grün macht glücklich

Für 2 Personen | 25 Min. Zubereitung
Pro Portion ca. 555 kcal, 16 g EW, 19 g F, 80 g KH

1 Zuckerschoten waschen, putzen und schräg halbieren. Spargel waschen, im unteren Drittel schälen und die Enden abschneiden. Die Stangen schräg in 3–4 cm lange Stücke schneiden. Frühlingszwiebeln putzen, waschen und in Ringe schneiden. Petersilie waschen und trocken schütteln, die Blätter abzupfen und beiseitelegen.

2 Petersilienstiele mit Nudeln, Zuckerschoten, Spargel bis auf die Spitzen und Frühlingszwiebeln in eine große Pfanne mit hohem Rand oder einen weiten Topf geben. Sahne, 500 ml kaltes Wasser, 1 TL Salz und Zitronenschale hinzufügen. Alles zugedeckt bei starker Hitze zum Kochen bringen.

3 Offen bei mittlerer bis starker Hitze 5 Min. kochen lassen, Spargelspitzen dazugeben und ca. 5 Min. weiterkochen. Dabei ab und zu umrühren, je mehr Flüssigkeit verkocht ist, desto öfter. Die Nudeln probieren. Sind sie nicht durch, bei Bedarf noch 3–5 EL Wasser hinzufügen und kurz weiterköcheln lassen. Petersilienstiele entfernen.

4 Mit Salz, Pfeffer und Zitronensaft abschmecken. Kerbel waschen, trocken schütteln und mit Petersilienblättern hacken. Nudeln mit Kerbel, Petersilie und nach Belieben mit Parmesan bestreuen.

ARTISCHOCKEN-PASTA MIT CHORIZO

Die scharfe spanische Paprikawurst bringt ordentlich Pepp in diese mediterrane Mischung. Am besten schmeckt's, wenn man die Wurst schön knusprig anbrät.

Für die Pasta:
200 g Kirschtomaten
1 große rote Zwiebel
1 Knoblauchzehe
100 g weiche Chorizo (span. Paprikawurst)
3 Stiele Petersilie
1 TL Olivenöl
200 g Linguine (Kochzeit 7–9 Min.)
100 ml Weißwein | Salz
1 TL getrockneter Oregano
120 g geviertelte Artischockenherzen (aus dem Glas)
Für das Pesto rosso:
30 g getrocknete Tomaten (in Öl) | 1½ EL Olivenöl
15 g entsteinte grüne Oliven
10 g Pinienkerne
¼ TL Chiliflocken
1 EL geriebener Pecorino
Salz | Pfeffer
Außerdem:
geriebener Pecorino

Gabel für Gabel gut

Für 2 Personen | 35 Min. Zubereitung
Pro Portion ca. 805 kcal, 27 g EW, 35 g F, 86 g KH

1 Für die Pasta die Tomaten waschen und halbieren. Die Zwiebel sowie den Knoblauch schälen und in dünne Scheiben schneiden. Die Chorizo pellen und in ca. 1 cm dicke Scheiben schneiden. Die Petersilie waschen und trocken schütteln, die Blätter abzupfen und mit den Stielen beiseitelegen. In einer Pfanne mit hohem Rand oder einem weiten Topf das Öl erhitzen und die Chorizo darin bei mittlerer Hitze knusprig anbraten, herausnehmen und auf Küchenpapier abtropfen lassen.

2 Die Pfanne von der Herdplatte nehmen. Nudeln, Zwiebel, Knoblauch, Petersilienstiele und Tomaten hineingeben. Den Wein, 450 ml kaltes Wasser, 1 TL Salz und den Oregano hinzufügen. Alles zugedeckt bei starker Hitze zum Kochen bringen. Dann offen bei mittlerer bis starker Hitze ca. 12 Min. kochen lassen. Dabei ab und zu umrühren, je mehr Flüssigkeit verkocht ist, desto öfter.

3 Inzwischen für das Pesto rosso die getrockneten Tomaten abtropfen lassen und klein schneiden. Mit dem Öl, den Oliven, 1 EL Wasser, den Pinienkernen und den Chiliflocken im Mixer fein pürieren. Den Pecorino unterrühren. Schließlich das Pesto mit Salz und Pfeffer abschmecken.

4 Zum Fertigstellen der Pasta die Artischocken abtropfen lassen und evtl. noch etwas kleiner schneiden. Die Petersilienblätter hacken. Die Nudeln probieren. Sind sie nicht durch, bei Bedarf noch 3–5 EL Wasser hinzufügen und kurz weiterköcheln lassen. Die Petersilienstiele aus den fertigen Nudeln nehmen. Das Pesto rosso unter die Nudeln mischen, dann Chorizo, Artischocken und Petersilie unterheben und alles mit Salz und Pfeffer abschmecken. Mit Pecorino servieren.

SÜSSE PFLAUMEN-NUDELN MIT MOHN

200 g Mini-Hörnchennudeln (Kochzeit 6 Min.) | 400 ml Milch | Salz | 1 Streifen Bio-Zitronenschale (ca. 8 cm) | 1 Pck. Vanillezucker | 2 EL Zucker | 120 g getrocknete Pflaumen (entsteint) | 40 g Marzipanrohmasse | 2 EL gemahlener Mohn (aus dem Backregal)

Für Naschkatzen

Für 2 Personen | 20 Min. Zubereitung
Pro Portion ca. 835 kcal, 22 g EW, 18 g F, 140 g KH

1 Die Nudeln in eine große Pfanne mit hohem Rand oder einen weiten Topf geben. Die Milch, 300 ml kaltes Wasser, 1 Prise Salz, die Zitronenschale, den Vanillezucker und 1 EL Zucker dazugeben. Die Pflaumen halbieren und hinzufügen. Die Marzipanrohmasse in ½–1 cm große Stücke zupfen und ebenfalls in den Topf geben.

2 Zugedeckt bei starker Hitze zum Kochen bringen, dabei gut darauf achten, dass nichts überkocht. Nudeln offen bei mittlerer bis starker Hitze 10–12 Min. kochen lassen. Dabei ab und zu umrühren, je mehr Flüssigkeit verkocht ist, desto öfter.

3 Die Nudeln probieren. Sind sie nicht durch, bei Bedarf noch 3–5 EL Wasser hinzufügen und kurz weiterköcheln lassen. Die Zitronenschale entfernen. Den Mohn und den restlichen Zucker mischen und über die Pflaumen-Nudeln streuen.

TIPP

Für eine orientalische Variante der Pasta die Pflaumen durch getrocknete Aprikosen ersetzen, ½ TL abgeriebene Bio-Orangenschale, 1 Msp. Kardamom und 2 EL Honig zur Milchmischung geben. Nudeln mit 2 EL gehackten Pistazien statt mit Mohn bestreuen.

APFEL-NUSS-PENNE MIT ROSINEN

2 EL gehobelte Haselnüsse | 200 g Mini-Penne (Kochzeit 5 Min.) | 40 g Rosinen | 400 ml Milch | Salz | 2–3 Prisen Zimtpulver | 1 Pck. Vanillezucker | 2 EL Zucker | 2 rotschalige festfleischige Äpfel (à 180 g; z. B. Jonagored) | 2 EL Sahne

Echtes Soulfood

Für 2 Personen | 20 Min. Zubereitung
Pro Portion ca. 750 kcal, 19 g EW, 18 g F, 128 g KH

1 Die gehobelten Haselnüsse in einer großen Pfanne mit hohem Rand oder einem weiten Topf leicht braun anrösten. Herausnehmen und auf einem Teller beiseitestellen.

2 Die Pfanne von der Herdplatte nehmen. Nudeln, Rosinen, Milch, 300 ml kaltes Wasser, 1 Prise Salz, Zimt, Vanillezucker und Zucker hineingeben.

3 Alles bei starker Hitze zugedeckt zum Kochen bringen, dabei gut darauf achten, dass nichts überkocht. Dann die Nudeln offen bei mittlerer bis starker Hitze ca. 5 Min. kochen lassen.

4 Inzwischen die Äpfel waschen, vierteln entkernen und in 1–2 cm große Würfel schneiden. Apfelwürfel unter die Nudeln heben und alles 5 Min. weitergaren. Dabei ab und zu umrühren, je mehr Flüssigkeit verkocht ist, desto öfter.

5 Die Nudeln probieren. Sind sie nicht durch, bei Bedarf noch 3–5 EL Wasser hinzufügen und kurz weiterköcheln lassen. Die Sahne unter die Nudeln rühren und alles nochmals aufkochen. Die gerösteten Haselnussblättchen darüberstreuen.

PASTA GLUTEN-FREE

Wer keinen Weizen verträgt, musste lange auf Pasta verzichten. Dank einer großen Auswahl alternativer Nudelsorten sind diese Zeiten glücklicherweise vorbei. Da glutenfreie Nudeln zum Teil ein eigenes, unverwechselbares Aroma besitzen, habe ich sie mit Zutaten kombiniert, die besonders gut dazu passen, wie Buchweizen mit Möhren und Ziegenkäse oder Mais mit Rindfleisch und Pilzen. Da setzen sich auch Nicht-Allergiker gerne mit an den Tisch!

TEXMEX-PASTA MIT AVOCADO-SALSA

In der mexikanischen Küche darf Mais nicht fehlen. Der steckt hier in den Nudeln. Und seine bevorzugten Partner wie Hackfleisch, Bohnen und Oregano sind Saucenzutaten.

Für die Pasta:
1 gelbe Paprikaschote (200 g)
4 Frühlingszwiebeln
1 Knoblauchzehe
1 EL Olivenöl
250 g Rinderhackfleisch
1 TL getrockneter Oregano
½ TL gemahlener Kreuzkümmel
1 TL edelsüßes Paprikapulver
ca. ½ TL Chiliflocken | Salz
200 g glutenfreie Rigatoni (aus Maismehl; Kochzeit 8 – 10 Min.)
200 ml stückige Tomaten (aus der Dose)
1 kleine Dose Kidneybohnen (140 g Abtropfgewicht)
Für die Avocado-Salsa:
1 reife Avocado
2 – 3 EL Limettensaft
1 Tomate (ca. 100 g)
1 Handvoll Koriandergrün
Salz | ca. ¼ TL Chiliflocken

Feuerwerk der Gewürze

Für 2 Personen | 35 Min. Zubereitung
Pro Portion ca. 1070 kcal, 45 g EW, 52 g F, 102 g KH

1 Die Paprika längs halbieren, putzen, waschen und quer in Streifen schneiden. Die Frühlingszwiebeln putzen, waschen und in dünne Ringe schneiden. Den Knoblauch schälen und fein würfeln. Das Öl in einer großen Pfanne mit hohem Rand oder einem weiten Topf erhitzen. Das Hackfleisch darin bei starker Hitze ca. 3 Min. krümelig anbraten. Oregano, Kreuzkümmel, Paprikapulver, Chiliflocken und 1 TL Salz hinzufügen und kurz mitbraten.

2 Die Pfanne von der Herdplatte nehmen. Die Nudeln, Paprikastreifen, Frühlingszwiebeln und den Knoblauch hineingeben. Die Tomaten und 550 ml kaltes Wasser hinzufügen. Die Pfanne wieder auf die Herdplatte stellen und alles zugedeckt bei starker Hitze zum Kochen bringen. Dann die Nudeln offen bei mittlerer bis starker Hitze 10 – 12 Min. kochen lassen. Dabei ab und zu umrühren, je mehr Flüssigkeit verkocht ist, desto öfter.

3 Inzwischen für die Salsa die Avocado halbieren, den Kern entfernen und die Hälften schälen. Das Avocadofruchtfleisch in feine Würfel schneiden und mit Limettensaft mischen. Die Tomate waschen, vierteln und entkernen, dabei den Stielansatz entfernen. Die Tomatenviertel in feine Würfel schneiden und unter die Avocado heben. Den Koriander waschen, trocken schütteln, grob hacken und ebenfalls untermischen. Die Salsa mit Salz und Chiliflocken abschmecken.

4 Die Nudeln probieren. Sind sie nicht durch, bei Bedarf noch 3 – 5 EL Wasser hinzufügen und kurz weiterköcheln lassen. Die Kidneybohnen in ein Sieb abgießen, kalt abbrausen und abtropfen lassen. Kurz vor Ende der Garzeit unter die Nudeln mischen. Die Texmex-Pasta mit der Salsa anrichten.

GEMÜSE-PILZ-PENNE MIT RINDERFILET

Solch zartes Fleisch wie Rinderfilet ist wirklich im Handumdrehen gar – einfach ideal für ein schnelles Nudelgericht, das auch Gäste beeindruckt.

200 g Champignons
150 g Staudensellerie
150 g Kirschtomaten
1 Schalotte
1 Knoblauchzehe
2 Stiele Petersilie
1 Zweig Rosmarin
180 g Rinderfilet
2 EL Olivenöl
200 g glutenfreie Penne rigate (aus Maismehl; Kochzeit 8 Min.)
Salz | Pfeffer

Saftig-zarter Genuss

Für 2 Personen | 30 Min. Zubereitung
Pro Portion ca. 595 kcal, 30 g EW, 16 g F, 83 g KH

1 Die Pilze trocken abreiben und in ½ cm dicke Scheiben schneiden. Den Sellerie putzen, waschen und in dünne Scheiben schneiden. Die Tomaten waschen und halbieren. Die Schalotte sowie den Knoblauch schälen und in feine Scheiben schneiden. Die Petersilie sowie den Rosmarin waschen und trocken schütteln. Die Blätter bzw. Nadeln abzupfen und hacken, mit den Stielen beiseitelegen. Das Fleisch in sehr dünne Scheiben schneiden.

2 In einer großen Pfanne mit hohem Rand oder einem weiten Topf 1 EL Öl erhitzen und das Fleisch darin bei starker Hitze von jeder Seite ca. ½ Min. anbraten. Den gehackten Rosmarin kurz mitbraten. Das Fleisch herausnehmen und beiseitestellen.

3 Die Pfanne von der Herdplatte nehmen. Nudeln, Pilze, Sellerie, Tomaten, Schalotte, Knoblauch und Kräuterstiele hineingeben. 600 ml kaltes Wasser, 1 TL Salz und restliches Öl hinzufügen. Zugedeckt bei starker Hitze zum Kochen bringen. Dann offen bei mittlerer bis starker Hitze 10 – 12 Min. kochen lassen. Dabei ab und zu umrühren, je mehr Flüssigkeit verkocht ist, desto öfter.

4 Die Nudeln probieren. Sind sie nicht durch, bei Bedarf noch 3 – 5 EL Wasser hinzufügen und kurz weiterköcheln lassen. Die Kräuterstiele entfernen. Das Fleisch und die gehackte Petersilie unter die Nudeln rühren. Die Gemüse-Penne großzügig mit Pfeffer würzen und sofort servieren.

TIPP **Wer kein Fleisch isst, brät 150 g gewürfelten Räuchertofu zusammen mit dem Rosmarin in etwas Öl an und mischt ihn unter die fertige Pasta.**

MÖHREN-SALBEI-NUDELN MIT ZIEGENKÄSE

300 g Möhren | 1 Bund Frühlingszwiebeln | 150 g Kirschtomaten | 1 Zweig Rosmarin | ca. 12 Salbeiblätter | 30 g Butter | 200 g Buchweizen-Fusilli (Kochzeit 6 – 8 Min.) | Salz | Pfeffer | 80 g Ziegenfrischkäserolle (ersatzweise Feta)

Mediterran angehaucht

Für 2 Personen | 30 Min. Zubereitung
Pro Portion ca. 650 kcal, 17 g EW, 24 g F, 91 g KH

1 Die Möhren schälen und ca. 1 cm groß würfeln. Die Frühlingszwiebeln putzen, waschen und in feine Ringe schneiden. Die Tomaten waschen und halbieren. Den Rosmarin waschen und trocken schütteln. 1 EL Nadeln abzupfen, hacken und beiseitestellen. Die Salbeiblätter waschen und trocken tupfen. Die Butter in einer großen Pfanne mit hohem Rand oder einem weiten Topf erhitzen. Salbei darin knusprig anbraten, herausnehmen und auf Küchenpapier abtropfen lassen.

2 Die Pfanne von der Herdplatte nehmen. Nudeln, Möhren, Frühlingszwiebeln und Tomaten hineingeben. 600 ml kaltes Wasser, den Rosmarinzweig und 1 TL Salz hinzufügen. Alles zugedeckt bei starker Hitze zum Kochen bringen.

3 Dann die Nudeln offen bei mittlerer bis starker Hitze ca. 10 Min. kochen lassen. Dabei ab und zu umrühren, je mehr Flüssigkeit verkocht ist, desto öfter. Die Nudeln probieren. Sind sie nicht durch, bei Bedarf noch 3 – 5 EL Wasser hinzufügen und kurz weiterköcheln lassen. Den Rosmarinzweig entfernen und den gehackten Rosmarin unterrühren. Großzügig mit Pfeffer würzen. Den Ziegenfrischkäse zerbröckeln und mit den Salbeiblättern über die Nudeln streuen.

ZUCCHINI-REISNUDELN MIT GARNELEN

1 Zucchino (ca. 250 g) | 1 Bund Frühlingszwiebeln | 1 Knoblauchzehe | 20 g Ingwer | ½ Bio-Limette | 200 g Vollkorn-Reisnudeln (Kochzeit 8 – 10 Min.) | 100 ml cremige Kokosmilch | 3 EL Fischsauce (aus dem Asienladen) | Salz | 120 g TK-Riesengarnelen (roh, geschält) | 100 g Babyspinat | ½ Bund Koriandergrün | 1 grüne Jalapeno-Chilischote

Schmeckt nach Meer

Für 2 Personen | 30 Min. Zubereitung
Pro Portion ca. 565 kcal, 22 g EW, 12 g F, 91 g KH

1 Den Zucchino putzen, waschen, längs vierteln und quer in 1 cm dicke Scheiben schneiden. Die Frühlingszwiebeln putzen, waschen und schräg in Ringe schneiden. Knoblauch sowie Ingwer schälen und fein würfeln. Die Limettenhälfte waschen und trocken reiben, 2 Scheiben abschneiden.

2 Nudeln, Zucchinischeiben, Frühlingszwiebeln, Knoblauch, Ingwer und Limettenscheiben in eine Pfanne mit hohem Rand oder einen weiten Topf geben. Kokosmilch, 500 ml kaltes Wasser, Fischsauce und ½ TL Salz hinzufügen. Zugedeckt bei starker Hitze zum Kochen bringen. Dann die Nudeln offen bei mittlerer bis starker Hitze 5 Min. kochen lassen. Dabei ab und zu umrühren, je mehr Flüssigkeit verkocht ist, desto öfter. Gefrorene Garnelen unterheben und alles in 5 – 7 Min. fertig garen.

3 Spinat sowie Koriander waschen und trocken schütteln, Koriander grob hacken. Chilischote längs halbieren, entkernen, waschen und fein schneiden. Die Nudeln probieren. Sind sie nicht durch, bei Bedarf noch 3 – 5 EL Wasser hinzufügen und kurz weiterköcheln lassen. Spinat unter die Nudeln heben. Mit dem Saft der restlichen Limette abschmecken, mit Chili und Koriander bestreuen.

SPAGHETTI MIT ERBSEN UND MINZ-GREMOLATA

Für dieses Rezept habe ich mein Tiefkühlfach geplündert und mir so das Gemüseputzen gespart – so bleibt Zeit für die Zubereitung der köstlichen Kräuter-Zitronen-Mischung.

25 g Pinienkerne
1 Handvoll Petersilie (siehe Tipp)
2 Stiele Minze
1 Bio-Zitrone
200 g glutenfreie Spaghetti (z. B. aus Mais- und Reismehl; Kochzeit 10 Min.)
100 g TK-Prinzessbohnen
150 g TK-Erbsen
1 Pck. TK-Zwiebeln (gemischt; 70 g)
650 ml Gemüsebrühe
Salz
1 EL Olivenöl
1 Knoblauchzehe
Pfeffer

Herrlich unkompliziert

Für 2 Personen | 35 Min. Zubereitung
Pro Portion ca. 610 kcal, 18 g EW, 16 g F, 99 g KH

1 Die Pinienkerne in einer großen Pfanne mit hohem Rand oder einem weiten Topf ohne Fett anrösten, herausnehmen und beiseitestellen. Die Pfanne von der Herdplatte nehmen.

2 Die Petersilie und die Minze waschen und trocken schütteln. Die Blätter abzupfen und beiseitestellen, die Stiele in die Pfanne geben. Die Zitrone heiß waschen und trocken reiben, die Schale fein abreiben und beiseitestellen. Von der Zitrone 2 Scheiben abschneiden und ebenfalls in die Pfanne geben.

3 Nudeln sowie gefrorene Bohnen, Erbsen und Zwiebeln dazugeben. Die Brühe, ½ TL Salz und das Öl hinzufügen. Zugedeckt bei starker Hitze zum Kochen bringen. Dann die Nudeln offen bei mittlerer bis starker Hitze 10–12 Min. kochen lassen. Dabei ab und zu umrühren, je mehr Flüssigkeit verkocht ist, desto öfter. Die Nudeln probieren. Sind sie nicht durch, bei Bedarf noch 3–5 EL Wasser hinzufügen und kurz weiterköcheln lassen.

4 Inzwischen für die Minz-Gremolata den Knoblauch schälen und zusammen mit den Petersilien- und Minzeblättern fein hacken. Die Zitronenschale untermischen. Die Petersilienstiele und die Zitronenscheiben aus der Pfanne nehmen. Die Gremolata unter die Nudeln heben und alles mit Pfeffer sowie etwas Zitronensaft abschmecken. Mit Pinienkernen bestreuen und sofort servieren.

TIPP Die Gremolata können Sie genauso gut auch mit anderen Kräutersorten zubereiten. Sehr gut schmeckt sie z. B. mit etwas fein gehacktem Koriandergrün oder fein gehackter Zitronenmelisse. Die Basis für die Gremolata sollte jedoch immer glatte Petersilie sein.

REGISTER

Damit Sie Rezepte mit bestimmten Zutaten noch schneller finden, sind in diesem Register auch beliebte Zutaten wie **Brokkoli** oder **Spaghetti** alphabetisch eingeordnet und hervorgehoben. Darunter finden Sie das Rezept Ihrer Wahl. Vegetarische Rezepte, die im Buch mit einem 🍃 gekennzeichnet sind, sind hier grün abgesetzt.

A/B/C

Apfel-Nuss-Penne mit Rosinen 49
Artischocken-Pasta mit Chorizo 46
Aubergine: Penne mit Aubergine und Thunfisch 38
Avocado-Salsa, Texmex-Pasta mit 52
Babyblattsalat mit Kräutern 64
Bandnudeln: Rahmkohlrabi-Nudeln mit Krabben 40
Bavette
Bavette mit Wok-Gemüse und Huhn 29
Brokkoli-Nudeln mit Schweinefilet 26
Fenchel-Safran-Nudeln mit Huhn 42
Kokos-Tomaten-Nudeln mit Spinat 34
Blumenkohl, Curry-Nudeln mit 32
Brokkoli-Nudeln mit Schweinefilet 26
Chorizo, Artischocken-Pasta mit 46
Curry-Nudeln mit Blumenkohl 32

E/F

Erbsen: Spaghetti mit Erbsen und Minz-Gremolata 58
Feldsalat mit Nüssen 64
Fenchel-Safran-Nudeln mit Huhn 42
Fleisch
Brokkoli-Nudeln mit Schweinefilet 26
Gemüse-Pilz-Penne mit Rinderfilet 54
Spaghetti bolognese 10
Spaghetti mit Zwiebeln und Rindfleisch 30
Texmex-Pasta mit Avocado-Salsa 52
Fusilli: Möhren-Salbei-Nudeln mit Ziegenkäse 56

G/H

Garnelen, Linguine mit Spargel und 28
Garnelen, Zucchini-Reisnudeln mit 57
Gemüse-Pasta mit Zitronensauce, grüne 45
Gemüse-Pilz-Penne mit Rinderfilet 54
Girandole ai funghi con pancetta 22
Gorgonzola, Spaghetti con spinaci e 16
Huhn, Bavette mit Wok-Gemüse und 29
Huhn, Fenchel-Safran-Nudeln mit 42
Hörnchennudeln: Süße Pflaumen-Nudeln mit Mohn 48

K

Käse-Schinken-Makkaroni mit Lauch 44
Kokos
Bavette mit Wok-Gemüse und Huhn 29
Curry-Nudeln mit Blumenkohl 32
Kokos-Tomaten-Nudeln mit Spinat 34
Linguine mit Spargel und Garnelen 28
Zucchini-Reisnudeln mit Garnelen 57
Krabben, Rahmkohlrabi-Nudeln mit 40

L

Lachs: Linguine al salmone 17
Lauch, Käse-Schinken-Makkaroni mit 44
Linguine
Artischocken-Pasta mit Chorizo 46
Linguine al salmone 17
Linguine alla genovese 13
Linguine mit Spargel und Garnelen 28
Nudeln mit Pak Choi und Shiitake 35

M/N

Maccheroncini
Curry-Nudeln mit Blumenkohl 32
Paprika-Pasta mit Feta und Walnüssen 41
Mafaldine: Pasta alla vesuviana 14
Makkaroni: Käse-Schinken-Makkaroni mit Lauch 44
Mohn, Süße Pflaumen-Nudeln mit 48
Möhren-Salbei-Nudeln mit Ziegenkäse 56
Nudeln mit Pak Choi und Shiitake 35
Nüsse
Apfel-Nuss-Penne mit Rosinen 49
Feldsalat mit Nüssen 64
Paprika-Pasta mit Feta und Walnüssen 41

P

Pancetta, Girandole ai funghi con 22
Paprika-Pasta mit Feta und Walnüssen 41
Pasta alla vesuviana 14
Penne
Apfel-Nuss-Penne mit Rosinen 49
Gemüse-Pilz-Penne mit Rinderfilet 54
Penne all'arrabbiata 20
Penne mit Aubergine und Thunfisch 38
Pflaumen-Nudeln mit Mohn, süße 48
Pilze
Gemüse-Pilz-Penne mit Rinderfilet 54
Girandole ai funghi con pancetta 22
Nudeln mit Pak Choi und Shiitake 35

R/S

Rahmkohlrabi-Nudeln mit Krabben 40
Reisnudeln: Zucchini-Reisnudeln mit Garnelen 57
Rigatoni: Texmex-Pasta mit Avocado-Salsa 52
Schafskäse: Paprika-Pasta mit Feta und Walnüssen 41
Schinken: Käse-Schinken-Makkaroni mit Lauch 44
Sedani alla primavera 12
Spaghetti
– bolognese 10
– con spinaci e gorgonzola 16
– mit Erbsen und Minz-Gremolata 58
– mit Tomaten 6
– mit Zwiebeln und Rindfleisch 30
Spargel
Grüne Gemüse-Pasta mit Zitronensauce 45
Linguine mit Spargel und Garnelen 28
Sedani alla primavera 12
Spinat
Kokos-Tomaten-Nudeln mit Spinat 34
Spaghetti con spinaci e gorgonzola 16

T

Tagliatelle: Grüne Gemüse-Pasta mit Zitronensauce 45
Texmex-Pasta mit Avocado-Salsa 52
Thunfisch, Penne mit Aubergine und 38
Tomaten
Artischocken-Pasta mit Chorizo 46
Gemüse-Pilz-Penne mit Rinderfilet 54
Girandole ai funghi con pancetta 22
Kokos-Tomaten-Nudeln mit Spinat 34
Paprika-Pasta mit Feta und Walnüssen 41
Pasta alla vesuviana 14
Penne all'arrabbiata 20
Penne mit Aubergine und Thunfisch 38
Sedani alla primavera 12
Spaghetti bolognese 10
Spaghetti mit Tomaten 6
Tortiglioni alla puttanesca 18

Z

Ziegenkäse: Möhren-Salbei-Nudeln mit 56
Zucchini-Reisnudeln mit Garnelen 57

© 2015 GRÄFE UND UNZER VERLAG GmbH, München
Alle Rechte vorbehalten. Nachdruck, auch auszugsweise, sowie die Verbreitung durch Film, Funk, Fernsehen und Internet, durch fotomechanische Wiedergabe, Tonträger und Datenverarbeitungssysteme jeglicher Art nur mit schriftlicher Genehmigung des Verlages.

Projektleitung: Karina Rernböck
Lektorat: Karin Kerber
Korrektorat: Petra Bachmann
Innen- und Umschlaggestaltung: independent Medien-Design, Horst Moser, München
Herstellung: Renate Hutt
Satz: Kösel, Krugzell
Reproduktion: medienprinzen GmbH, München
Druck und Bindung: Schreckhase, Spangenberg
Syndication: www.jalag-syndication.de
Printed in Germany

3. Auflage 2016
ISBN 978-3-8338-5105-6
www.facebook.com/gu.verlag

Die Autorin

Marianne Zunner war viele Jahre Redakteurin im Koch-Ressort der Zeitschrift Für Sie und arbeitet heute als freie Journalistin für Food- und Frauenmagazine. Ihr Gespür für kulinarische Trends stellt sie immer wieder unter Beweis. Dabei überzeugt sie mit neuen und leckeren Rezepten.

Der Fotograf

Wolfgang Schardt kann seine Liebe für Essen und Trinken beruflich ausleben: In seinem Studio in Hamburg fotografiert er vor allem Food, Stills und Interieur für Magazine, Verlage und Werbung. Unterstützt wurde er bei diesem Buch von Roland Geiselmann (Foodstyling).

Bildnachweis

Autorenfoto: Julia Hoersch, Hamburg; alle anderen Fotos: Wolfgang Schardt, Hamburg

Titelrezept

Paprika-Pasta mit Feta und Walnüssen (S. 41)

QUALITÄTS G|U GARANTIE

Liebe Leserin, lieber Leser,

haben wir Ihre Erwartungen erfüllt? Sind Sie mit diesem Buch zufrieden? Haben Sie weitere Fragen zu diesem Thema? Wir freuen uns auf Ihre Rückmeldung, auf Lob, Kritik und Anregungen, damit wir für Sie immer besser werden können.

GRÄFE UND UNZER Verlag
Leserservice
Postfach 86 03 13
81630 München
E-Mail:
leserservice@graefe-und-unzer.de

Telefon: 00800 / 72 37 33 33*
Telefax: 00800 / 50 12 05 44*
Mo–Do: 9.00 – 17.00 Uhr
Fr: 9.00 – 16.00 Uhr
(gebührenfrei in D, A, CH)*

Ihr GRÄFE UND UNZER Verlag
Der erste Ratgeberverlag – seit 1722.

Umwelthinweis:
Dieses Buch ist auf PEFC-zertifiziertem Papier aus nachhaltiger Waldwirtschaft gedruckt.

GRÄFE UND UNZER
Ein Unternehmen der
GANSKE VERLAGSGRUPPE

Appetit auf mehr?

ISBN 978-3-8338-3436-3

ISBN 978-3-8338-3427-1

ISBN 978-3-8338-4659-5

Laden im App Store

ISBN 978-3-8338-4660-1

ISBN 978-3-8338-3773-9

Alle hier vorgestellten Bücher sind auch als eBook erhältlich.

G|U

Willkommen im Leben.

Mehr von GU auf **www.gu.de** und
facebook.com/gu.verlag

FRISCH AUFGEMISCHT

Während die One Pot Pasta köchelt, bleibt genug Zeit, um noch schnell eine kleine Beilage zu zaubern – hier sind zwei Blattsalate, die zu nahezu allem passen.

BABYBLATTSALAT MIT KRÄUTERN

Für 2 Personen: 100 g gemischte Babysalatblätter (z. B. roter Mangold, Rucola, Spinat, Pflücksalat) waschen, trocken schütteln und in eine Schüssel geben. 1 große Handvoll Kräuter (Lieblingssorte oder gemischte feinblättrige Kräuter, z. B. Basilikum, Zitronenmelisse, Dill, Kerbel) waschen und trocken schütteln. Die Blätter abzupfen, grob hacken und zum Salat geben. 1 ½ EL Aceto balsamico, Salz, Pfeffer, ½ TL Senf, 1 Prise Zucker und 3 EL Olivenöl verquirlen. Das Dressing kurz vor dem Servieren mit dem Salat mischen.

FELDSALAT MIT NÜSSEN

Für 2 Personen: 100 g Feldsalat putzen, waschen, und trocken schütteln. 1 Schalotte schälen und sehr fein würfeln. 1 EL Weißweinessig mit ½ TL Honig, Salz, Pfeffer, 2 EL Rapsöl und 1 EL Walnuss- oder Haselnussöl verquirlen. Die Schalotten hinzufügen. Das Dressing kurz vor dem Servieren mit dem Salat mischen. 1 EL Walnuss- oder Haselnusskerne mit der Teigrolle grob zerdrücken und über den Salat streuen. Tipp: Die Schalotten schmecken milder, wenn man sie in ein Sieb gibt und mit kochendem Wasser übergießt.